AF595757

LES PANORAMAS

I

S'il faut en croire une « légende », trop rapprochée de nous pour ne pas prétendre, avec quelque droit, à la qualité d' « histoire », la découverte des panoramas serait due à un peintre écossais du nom de Robert Barker, que ses créanciers, vers la fin de l'année 1785, avaient fait enfermer à la prison d'Edimbourg, pour dettes.

Le cachot, dans lequel ce peintre avait été relégué, était creusé en contre-bas de la cour. Il n'était éclairé que par un soupirail pratiqué dans le plafond et répandant le long du mur au haut duquel il se trouvait placé, une lumière dont l'éclat était, comme l'ordinaire du prisonnier, réduit à la portion congrue.

Ce peintre éprouva, après quelques heures, — données sans doute, à ce repos spécial qui succède aux situations tranchées d'une façon violente, — le besoin de relire quelques lettres qu'il avait sur lui, et qui, durant sa détention, allaient constituer son divertissement presque exclusif. L'obscurité l'en empêchant, il appliqua sur la bande de mur éclairée par le soupirail, le papier dont il avait peine à distinguer les caractères.

Il fut étonné de la netteté avec laquelle la lettre, ainsi exposée, lui apparut et de la clarté inattendue qui se répandit sur la feuille de papier; clarté qui lui permettait d'en lire le contenu sans aucun effort. Par un phénomène tout naturel d'induction, il en arriva à se rendre compte de l'effet saisissant que produirait une peinture placée dans des conditions analogues; et il se promit, une fois sa liberté obtenue de la générosité de sa famille ou de la lassitude de ses créanciers, de mettre à profit sa découverte et de faire servir à sa fortune et à sa gloire à venir sa misère présente.

Le « panorama », à en croire de graves historiens, n'aurait pas d'autre origine. Il nous plaît de nous contenter de celle-là, aussi plausible que beaucoup d'autres, mais plus curieuse et touchante.

Le 19 juin 1787, en effet, un brevet d'invention consacra officiellement la découverte du « panorama », faite par Robert Barker. Ce document renferme, en termes si précis, la description de l'invention nouvelle qu'il est impossible d'en contester, à l'ancien prisonnier d'Edimbourg, la paternité.

A partir de 1792, les panoramas se succèdent dans les différents pays de l'Europe, avec une fréquence qui témoigne aussi de la faveur que ce genre de spectacle avait aussitôt rencontré dans le public.

Le panorama est constitué, comme élément principal, par une peinture circulaire cylindrique, dont la partie intérieure ou pour mieux dire, la concavité, est exposée de telle façon au regard du spectateur, que ce regard, de quelque côté qu'il se dirige, ne rencontre que la toile même qui lui borne l'horizon en toutes ses parties. En effet, le but du panorama est de produire, par des moyens artificiels, l'illusion d'un spectacle naturel : et, pour cela, il importe que l'œil du spectateur soit mis uniquement en présence de la peinture et qu'aucun objet interposé ne vienne, par comparaison, lui révéler l'artifice mis en œuvre par le peintre, pour créer, dans son esprit, l'illusion qu'il importe d'y faire naître.

Voici par quel procédé de construction ce résultat est facilité : l'édifice contenant le panorama affecte une forme générale cylindro-conique. La partie cylindrique, qui sert de mur à la construction et dont la partie intérieure est destinée à recevoir la peinture panoramique est pleine; la partie supérieure du cône, c'est-à-dire du toit, l'est également, tandis qu'une bande, « tronc de conique », large de 1 ou 2 mètres, reliant la base du toit au sommet du mur, offre un vitrage laissant transparaître le jour.

Au centre de la rotonde, généralement à égale distance du sol et de la partie supérieure du mur cylindrique, se dresse une plate-forme, où prend place le spectateur. Au-dessus de sa tête, une toile, ou « parajour », est tendue, lui dissimulant à la fois : le toit, le vitrage et la partie supérieure de la peinture qui recouvre le mur. De ses pieds, c'est-à-dire de la base du garde-fou régnant autour de la plate-forme, partait autrefois une autre toile qui allait regagner le bas de la peinture. On verra plus loin comment les peintres de panorama ont été amenés à substituer à cette toile, qui nuisait à l'effet, des premiers plans « peints », raccordés à la peinture par une soudure invisible et complétant parfois, d'une façon extraordinaire, l'illusion panoramique.

Cette disposition matérielle et architecturale ne suffirait point à placer le spectateur dans un état d'esprit propice à l'impression recherchée, s'il n'y était préparé, par surcroît, au moyen d'une certaine mise en scène sommaire, qui est la suivante :

Le spectateur pénètre dans l'édifice en passant sous la section inférieure du cylindre et n'accède à l'escalier intérieur de la plate-forme, qu'en traversant des corridors obscurs et nus, où son œil perd momentanément la mémoire des choses du dehors, où il s'isole, où il oublie la lumière.

De la sorte, en arrivant sur la plate-forme, le spectateur est, si l'on peut ainsi parler, envahi par le spectacle offert à ses regards; son œil s'en repaît avidement, il l'y promène avec le plaisir qui accompagne l'accomplissement d'une fonction dont l'exercice nous a été passagèrement interdit; et aucun objet juxtaposé ne venant lui rappeler qu'il est en présence d'une peinture fallacieuse, il s'abandonne à l'illusion que l'artiste a cherché à éveiller en lui, et qui l'étreint, d'autant plus puissante et durable que l'exécution de la peinture elle-même est plus parfaite et plus savante.

Cette illusion, en effet, serait vainement poursuivie, si la peinture panoramique était l'œuvre d'une main ignorante et malhabile.

Quelque préparation qu'on imposât à l'œil du spectateur, cet œil accoutumé aux spectacles de la nature et aux lois physiques qui les lui font percevoir et que choque si violemment l'invraisemblance et la disproportion, se refuserait à une complicité qui ne lui serait point suffisamment facilitée par le talent et l'adresse de l'artiste : aussi ce genre de peinture ne supporte-t-il pas de médiocrité.

Un panorama peut être admirable ou simplement attachant, suivant que l'artiste qui l'a conçu et exécuté est un maître de génie ou un peintre de talent et de conscience; mais au-dessous de cette qualification, il tombe sans transition dans le burlesque et dans l'absurde, et se ravale au rang des exhibitions foraines.

Aussi l'établissement, le dessin et la peinture des scènes qui se déroulent le long du panorama, exigent-ils des aptitudes, une science et un savoir-faire extrêmes.

Voici par quels procédés techniques opère le peintre de panorama. Après avoir fait choix du lieu où il retracera l'événement pris pour sujet ou simplement du site qu'il veut reproduire sans en faire le théâtre d'un fait appartenant au domaine de l'histoire ou de l'imagination, — il se place sur une éminence d'où il découvre l'horizon, et, braquant successivement sur tous les points de cet horizon une chambre noire tournant sur un pivot fixe, dessine chacun des secteurs qui y sont déterminés en les raccordant entre eux par les extrémités latérales. — Les premiers plans sont l'objet de dessins spéciaux, particulièrement soignés et exacts, car ils doivent former la base de la toile panoramique et s'offrir plus immédiatement à la vue du spectateur.

Ces cartons établis et additionnés de personnages dont le groupement et les oppositions forment communément le sujet du panorama, le peintre les met « au carreau », les reporte sur la toile et aborde alors l'exécution définitive.

Les divers moyens mécaniques employés par les artistes pour l'établissement des croquis, leur mise en perspective, leur raccordement entre eux, la distribution égale de l'horizon en un certain nombre de secteurs, ont été presque aussi nombreux que les peintres eux-mêmes. — Avec les progrès de la science, avec l'industrialisation de l'art, et surtout à cause de la nécessité de « faire vite », les procédés sont devenus de plus en plus rapides et sûrs, réduisant peu à peu la participation du peintre et la conception du sujet, au choix du site et à la composition des scènes (ainsi procède M. Poilpot), alors que la levée des croquis, l'installation de la perspective et le transport sur la toile, sont dévolus à des aides appelés « perspecteurs ». — D'autres, MM. Detaille et de Neuville, par exemple, — ont mis en œuvre les ressources de la photographie, procédé antérieurement employé d'ailleurs, par le colonel Langlois.

Ces deux artistes, en outre, ne bornent point l'emploi de la photographie à la levée du paysage ; au moyen de projections lumineuses, ils déterminent sur la toile vierge du panorama le paysage même, dont ils fixent les lignes au fusain, pour les parfaire ensuite au moyen de la peinture.

Nous avons dit que la toile panoramique, forme la face interne de l'édifice, c'est-à-dire la partie concave du cylindre de maçonnerie qui sert de base au toit. — Exacte au figuré, cette description ne l'est point absolument au propre, la toile en effet, n'étant point absolument adhérente au mur, dont elle est séparée par un interstice de quelques centimètres.

Cette toile épouserait les saillies et les inégalités que le mur, quelque soin qu'on mît à sa construction, ne pourrait manquer d'offrir. Il s'en suivrait, sur la surface de la peinture, des bosses et des creux inexpliqués ; l'humidité extérieure altérerait la peinture, etc. — Aussi la toile est-elle, non pas collée à la paroi, mais suspendue à un cercle de bois et supporte-t-elle à sa partie inférieure une lourde bague de fer dont le poids la tend exactement, jusqu'à l'immobilité parfaite. — Afin de corriger la convexité inévitable que ce cylindre de toile présenterait en son milieu, la bague de fer est d'un diamètre légèrement inférieur à celui de l'anneau de bois. Une verticalité sinon absolue, au moins suffisante, est ainsi obtenue; ce qui persiste de convexité dans la toile ainsi tendue, concourt d'ailleurs à l'effet recherché : le haut de la toile, c'est-à-dire le ciel, recevant une lumière plus intense et éclatante que la partie inférieure consacrée aux constructions ou aux accidents de terrain.

Une des difficultés pratiques les plus inouïes qu'allaient rencontrer les peintres de panoramas consistait dans la reproduction, sur une surface courbe, de lignes destinées à apparaître droites aux yeux des spectateurs. — Nous voulons parler des lignes de l'architecture, auxquelles il ne pouvait être question de faire épouser la concavité de la toile panoramique, sous peine d'offrir un spectacle illogique, invraisemblable, exclusif de toute illusion.

La difficulté fut vite résolue, et par un procédé si parfait, qu'il est demeuré en vigueur après bientôt un siècle de pratique : aux deux extrémités de la ligne droite à représenter, le peintre fixe une ficelle rigidement tendue. La ligne idéale déterminée sur la toile par cette ficelle rigide y est ensuite établie au moyen de points, sous la direction du peintre placé sur la plate-forme. La ligne décrite, de quelque endroit de la plate-forme qu'elle soit regardée, s'offre au regard, comme parfaitement droite.

L'éclairage général de la toile obéit à diverses règles, notamment déterminées par le « choix du point » au-dessus duquel est censé se trouver le soleil. La partie située au-dessous de ce point est naturellement la plus lumineuse, et l'intensité de la lumière diminue à mesure que l'on s'éloigne de cette partie. Là encore, le peintre est tenu de compter non seulement avec ses moyens d'exécution et son habileté propre, mais encore avec les variations que le temps et l'heure font subir à la lumière, son auxiliaire principal. Certaines couleurs prennent un éclat très vif sous l'action d'une quantité de lumière déterminée, alors que d'autres, d'une valeur en apparence égale, demeurent ternes.

Les rouges s'accentuent au soleil couchant et les bleus et les tons froids ont leur grande valeur le matin. Lorsqu'a lieu une aurore boréale, les tons chauds, jaunes et rouges s'avivent de telle façon que l'aurore boréale se reproduit immédiatement sur la toile du panorama.

II

Quelles qu'aient été les circonstances dans lesquelles Barker découvrit le parti qu'on pouvait tirer de l'éclairage intense et direct d'une peinture au point de vue de la représentation des scènes historiques ou des spectacles de la nature, il s'écoula cinq années entre son premier et assez informe essai et sa tentative définitive (1787-1792).

Les artistes de Londres accueillirent assez dédaigneusement la découverte du peintre écossais, ils n'y virent ou feignirent de n'y voir qu'une entreprise industrielle, n'ayant avec l'art que les rapports les plus lointains et condamnée à toujours demeurer à l'état de spectacle, s'adressant à la foule des badauds, à l'exclusion de l'élite des connaisseurs. Le public, lui, n'entra point dans ces subtiles considérations, il accourut en foule au panorama et continua sa faveur à ceux qui, de six en six mois, se succédèrent dans la rotonde de Leicester-Square, où ils étaient offerts à l'admiration des sujets de Sa Majesté. La *Vue de la Flotte anglaise à Portsmouth*, une *Vue de Londres prise du moulin d'Albion*, la *Bataille navale du 1er juin* 1795, les *Bains de Brighthelmstone* et les *Environs de Windsor* n'avaient point encore éteint la curiosité populaire, lorsque Barker entreprit (1798) d'ouvrir simultanément deux panoramas séparés : la *Bataille navale d'Aboukir* et les *Bains de Margate*.

Notre pays, tout à la tragédie révolutionnaire, avait, on le comprend, prêté une attention distraite à l'invention nouvelle. L'esprit et les yeux étaient sollicités alors par des tableaux d'un plus puissant intérêt : la monarchie écroulée, l'ancien régime en ruines, la France envahie et sauvée, l'émeute tour à tour écrasée ou victorieuse, l'avènement prochain, pressenti, d'une période de fièvre glorieuse qui allait faire défiler devant nos armées et devant la France, le panorama de l'Europe tout entier.

En 1796, cependant et par un jeu étrange du hasard, la découverte de Barker fut introduite chez nous, grâce à un homme alors obscur et dont le nom devait plus tard être attaché à l'une des plus précieuses conquêtes de l'esprit moderne : Robert Fulton.

Fulton, associé avec un certain Joël Barlow, cédait bientôt après, faute de pouvoir l'exploiter lui-même, un brevet d'importation aux époux Thayer. L'argent que lui procura cette vente lui permit de se consacrer à ses recherches de l'utilisation de la vapeur; ce qui donnerait à penser qu'il dut alors l'immortalité au dénuement qui l'avait forcé à renoncer à son entreprise première.

Les Thayer acclimatèrent promptement en France l'invention de Barker. Deux coupoles s'élevèrent sur le boulevard Montmartre, à l'entrée d'un passage fréquenté, qui prit dès lors le nom de « Passage des Panoramas ». La première reçut une *Vue de Paris* prise de l'avant du dôme central des Tuileries et peinte par Jean Mouchet, Denis Fontaine, Pierre Prévost et Constant Bourgeois.

Dans la seconde fut reproduite l'*Evacuation de Toulon par les Anglais en* 1793; Pierre Prévost et Constant Bourgeois l'avaient exécutée seuls; et, de l'avis même de l'Institut, qui condescendit à visiter les deux coupoles, elle fut déclarée supérieure à la *Vue de Paris*. Chaque toile avait été payée 8000 francs aux artistes: le public payait une entrée de 1 fr. 50.

Ces deux rotondes que les journaux du temps nous représentent comme un parfait modèle de construction et d'aménagement en même temps qu'ils en vantent les dimensions extraordinaires, paraîtraient fort médiocres aujourd'hui. Le diamètre en était de 17 mètres et la hauteur totale de 7. Le jour y pénétrait par un châssis vitré dont les nervures métalliques projetaient leur ombre sur le ciel de la toile. Celle-ci était couverte entièrement d'un papier froncé sur lequel la peinture était étendue par teintes plates répétées jusqu'à soixante fois et dont les bords étaient fondus par le blaireau.

Malgré ces imperfections, le panorama conquit si vite la faveur populaire, que l'Institut crut devoir nommer une commission dont le rapporteur, l'architecte Dufourny, nous a laissé un mémoire, qui est le monument le plus intéressant sur les panoramas. Dépassant même le champ assez restreint auquel devait d'abord se borner sa recherche, Dufourny ouvrait la voie à la plupart des perfectionnements qui ont été réalisés depuis, et dont il est, dans une certaine limite, fondé à réclamer la paternité.

Un nouveau panorama de Pierre Prévost eut, en 1806, quelque retentissement : il représentait le *Camp de Boulogne*, il fut promptement suivi de la *Vue d'Amsterdam au commencement de l'hiver ;* ce dernier paraît avoir marqué un progrès sensible sur les précédents. Il eut, en effet, la bonne fortune d'exciter l'admiration de David, qui se serait écrié, en le montrant à ses élèves : Vraiment messieurs, c'est ici qu'il faut venir pour étudier la nature.

L'année 1807, vit s'élever entre la rue Neuve-Saint-Augustin et le boulevard des Capucines, une rotonde de dimensions plus importantes que celles du passage des Panoramas : 32 mètres de diamètre sur 16 d'élévation. Thayer et Prévost exploitaient désormais associés. Elle fut inaugurée par une *Entrevue de Tilsitt*, qui reçut en 1810 la visite de Napoléon.

Les panoramas faillirent alors, de divertissement populaire, s'élever au rang d'institution officielle. Frappé du parti qu'il était possible de tirer de ce genre de spectacle au point de vue de la vulgarisation des évènements historiques et de la diffusion des enseignements qui en découlent, l'empereur songea à populariser ses victoires par le panorama. Il chargea l'architecte Célérier de dresser les plans de huit rotondes qui devaient être édifiées dans le grand carré des Champs-Elysées et dans chacune desquelles seraient représentée une des batailles illustres de la Révolution ou de l'Empire; Napoléon se réservait la faculté d'acquérir chaque toile au prix de 45 000 francs et de la faire promener ensuite dans l'Europe, où chaque bataille eût été de la sorte gagnée une seconde fois. Les désastres de 1812 firent renoncer à ce projet.

Mais l'Empire déclinait; les victoires se faisaient plus rares et, avec la fin prochaine de cette promenade triomphale de nos armées à travers l'Europe, moins vive la curiosité de connaître les villes traversées par elles. Durant sept années, nous ne trouvons la trace d'aucune exposition panoramique digne d'être signalée; au commencement de 1819, une vue nouvelle remplaça la *Ville de Londres*, à la rotonde du boulevard des Capucines; par un effet des préoccupations du temps et comme pour matérialiser aux yeux du public l'itinéraire parcouru par Chateaubriand, c'est *Jérusalem* qui a les honneurs du panorama.

La vogue de cette toile fut immense, la seule année 1820 se chiffra par une recette de 28 755 fr. 45 c., somme considérable pour l'époque. En 1821, *Athènes* remplaça *Jérusalem*, et ne réussit pas moins brillamment; Chateaubriand consacra même ce double succès par quelques lignes insérées dans la préface de ses œuvres complètes : « On a vu, dit-il, à Paris, les panoramas de Jérusalem et d'Athènes. Je reconnais, au premier coup d'œil, tous les monuments, tous les lieux et jusqu'à la petite chambre que j'habitais dans le couvent de Saint-Sauveur. Jamais voyageur ne fut mis à une si rude épreuve; je ne pouvais m'attendre que l'on transportât Jérusalem et Athènes à Paris. »

Toutes ces toiles étaient l'œuvre du fécond artiste Pierre Prévost. A *Jérusalem* et à *Athènes* devait succéder un panorama de *Constantinople*, relevé comme les deux autres au cours d'un voyage accompli tout exprès en Orient. La mort l'arrêta au moment où il abordait cette œuvre capitale : son frère Jean Prévost et son élève Roumy durent l'achever.

Il sembla qu'avec Prévost avait disparu le goût que, depuis un quart de siècle, le public manifestait pour les panoramas. La vue de *Rio-de-Janeiro* de Jean Prévost et Roumy, inaugurée en 1824, n'eut en effet aucun succès, non plus que le « néorama » de M. Alaux, qui représenta successivement la *Basilique de Saint-Denis* et l'*Abbaye de Westminster*, au milieu de l'indifférence générale. Les rotondes des boulevards des Capucines et Montmartre tombaient sous la pioche des démolisseurs et la vogue pour les panoramas parut s'envoler pour toujours : il fallut en effet vingt-cinq années pour que le public retrouvât sa prédilection pour ce genre de spectacles, dont le succès alla depuis en grandissant, jusqu'à atteindre son apogée pendant l'année 1889.

III

Le « diorama », dont l'effet repose sur les mêmes principes que le « panorama », mais qui, au lieu d'embrasser un horizon infini, ne s'attache à reproduire qu'une scène où une vue circonscrite de quatre côtés par une surface isolante, avait à peu près supplanté son aîné dans la faveur publique, lorsqu'un artiste de génie vint rendre à ce dernier, tout son prestige d'autrefois, par un perfectionnement notable des procédés employés, et une entente mieux raisonnée de l'effet à obtenir et des moyens à mettre en jeu dans ce but.

Jean-Charles Langlois, né le 22 juillet 1789, était entré le 14 septembre 1806 à l'École polytechnique : il en sortit le 9 mai 1807 et rejoignit aussitôt son corps, alors stationné en Illyrie. D'abord chargé de travaux topographiques et de constructions, il fut nommé lieutenant en 1809, et après avoir pris part à la campagne de Wagram, fut envoyé en Espagne et nommé capitaine en 1812. Waterloo, où il figura dans le dernier carré de grenadiers comme aide-de-camp du général Petit, brisa sa carrière. Mis à la demi-solde, il se fixa à Bourges et se mit à y étudier la peinture sous la direction d'un obscur peintre du nom de Boichard.

En 1817, Langlois est à Paris, élève de Girodet et de « son jeune et estimable ami M. Horace Vernet », et exclusivement adonné à la peinture militaire. Le jeune homme se suffit avec les 900 francs de la demi-solde, couchant dans un grenier, vivant de pain, d'eau et d'espérance; il expose au Salon de 1822, y reçoit une médaille et dès lors marque sa place parmi les jeunes peintres militaires du temps.

La faveur royale, refusée au soldat de Napoléon, alla trouver le peintre dans son atelier; une ordonnance royale réintégra Langlois dans l'armée en 1829, avec le grade de chef d'escadron. Ce fut vers cette époque que, visitant un panorama de Prévost, le commandant Langlois comprit les ressources qu'offrait un aussi vaste espace pour la représentation des évènements de l'histoire et notamment des batailles de la République et de l'Empire.

Une rotonde nouvelle s'éleva bientôt sous sa direction, rue Vieille-du-Temple, la plus vaste qu'on eût encore édifiée : 35 mètres de diamètre sur 12 mètres de hauteur. Au vitrage simple de la zone lumineuse, Langlois substitue un vitrage dépoli, dont la lumière plus égale, se répandait sans ombre ni éclat, sur la toile panoramique. Enfin, il place le spectateur, non plus en un point idéal, isolé de l'action, sans contact et sans communication avec elle, mais au centre de cette action même, dont il devient partie intégrante et presque agissante, par la suppression de la toile qui s'étendait jusqu'au bas de ses pieds, jusqu'au bas de la peinture, et qu'il remplace par un simulacre naturel, en relief, d'objets matériels, appareillés à l'action représentée.

La *Bataille de Navarin* (1830), marqua cette manière nouvelle. Un des navires qui y avaient pris part, *le Scipion*, venait d'être mis en vente par l'administration des Domaines, Langlois se rendit acquéreur de la dunette dont il fit la plate-forme destinée à des spectateurs. L'entrée du panorama fut disposée d'une manière non moins curieuse. Dès le seuil, le spectateur se trouvait transporté au sein d'une batterie de 18, d'où il passait dans le salon des officiers : le branle-bas de combat étant donné, une peinture dioramique offrait à ses yeux étonnés la perspective de la batterie en activité. Un petit escalier le transportait ensuite dans le logement du commandant, dont le mobilier et les accessoires étaient complets et restitués avec une fidélité scrupuleuse. Une dernière ascension de quelques marches lui permettait enfin d'atteindre à la dunette d'où se déroulait à ses yeux le spectacle saisissant d'un combat.

Un brûlot turc venait d'aborder *le Scipion* sur son avant et de lui communiquer l'incendie. Les matelots travaillaient à dégager le vaisseau. Plus loin, un bâtiment turc sautait, sous le feu de l'*Armide*, frégate française, aux acclamations de l'équipage d'une corvette anglaise sauvée par elle des coups d'une frégate turque, la *Belle-Sultane*, etc. Des débris de mâture, des hommes à la nage, complétaient l'illusion.

Les critiques de l'époque, qui consacrent à ce panorama de longs articles enthousiastes, affirment que le raccord de la toile et de premier plan était si parfait, que l'œil était impuissant à le découvrir, et que le spectateur, grâce à la savante dégradation des plans échelonnés, pouvait croire qu'il assistait au combat momentanément immobilisé sous ses yeux.

L'émotion produite par cette œuvre fut considérable. Par un curieux illogisme de la foule, le gouvernement de Juillet recueillit une part du bénéfice de cette popularité d'un tableau consacré à glorifier l'un des derniers actes de la monarchie légitime expirante. L'amiral Cloué, depuis ministre de la marine, nous a conté qu'en 1831, après son admission au Borda, il vint, comme tout Paris, voir la *Bataille de Navarin* et que l'impression qu'il en ressentit fût si profonde qu'arrivé à Brest il savait déjà ce qu'était un vaisseau et un combat naval.

Langlois n'avait point renoncé à la carrière des armes. En 1830, il avait pris part comme volontaire aux débuts de l'expédition d'Alger, et notamment à la bataille de Staoueli; il en rapporta en France une série de croquis qui lui servirent à l'établissement d'un nouveau panorama, ouvert en 1833 et représentant la *Prise d'Alger*. La même année, nommé attaché militaire à l'ambassade de France en Russie, il mit à profit cette situation pour relever le plan du terrain où s'était livrée la bataille de la Moskowa. Deux ans après, la *Bataille de la Moskowa* succédait, dans la coupole du Marais, à la *Prise d'Alger*.

Cette toile fut la dernière exposée rue Vieille-du-Temple. Reprenant en partie le projet de Napoléon, que nous avons fait connaître plus haut, Langlois construisit dans les Champs-Élysées, au carré Marigny, une rotonde monumentale qui fut inaugurée par un *Incendie de Moscou* dont les journaux du temps firent un éloge enthousiaste. La *Bataille d'Eylau* (1843) et la *Bataille des Pyramides* (1849) y furent successivement représentées avec un égal succès.

L'Exposition universelle de 1855, à l'étroit dans le palais de l'Industrie, utilisa le panorama du carré Marigny pour l'exhibition des produits de nos manufactures nationales et des joyaux de la couronne. Langlois, devenu colonel, fit élever à l'angle de l'avenue d'Antin la rotonde qui s'y voit encore et qu'il devait inaugurer cinq ans plus tard par la *Prise de Sébastopol*.

L'âge et le succès n'avaient diminué ni la vigueur ni le zèle de cet homme étonnant, en qui son art réservé et porté par lui à son maximum de vogue et de perfection avait allumé une véritable passion. On en jugera par ce fait que, pour dresser le plan préparatoire de sa *Prise de Sébastopol*, il s'était rendu en Crimée dès 1855 et qu'il en avait, du haut de la tour célèbre, pris, au moyen d'appareils photographiques, toutes les vues qui lui étaient nécessaires [1].

Les triomphes des armes françaises en Italie lui permirent, en 1865, le sujet d'un autre panorama, la *Bataille de Solférino*, qui demeura exposée jusqu'en 1873.

A ce peintre de nos victoires, à ce soldat-artiste, dont l'épée avait

[1] Nous remercions vivement M. le baron Larrey, membre de l'Institut et ancien médecin en chef de l'armée française, de la communication des nombreux papiers du colonel Langlois, son ami.

servi la France avant que son pinceau l'illustrât, fut épargnée la douleur de voir la patrie envahie pour la troisième fois.

Langlois mourut en 1870; détail piquant par lequel nous terminerons cette rapide revue de son œuvre : certains progrès réalisés par lui durant sa carrière de peintre panoramiste sont dus aux critiques de Chevreul, qui lui consacra deux mémoires à l'Académie des sciences.

Ce n'est pas seulement en France que les panoramas se sont développés ainsi depuis leur introduction par Thayer et Fulton; leur histoire appartient à toutes les parties de la vieille Europe, où nous allons la suivre rapidement.

Au moment même où Prévost et Bourgeois exécutaient les premiers panoramas parisiens, Barker passait la Manche, transportait les siens en Allemagne, où il les présentait au public sous le nom pompeux et bizarre de Nausoramas. Hambourg vit à son tour la *Flotte anglaise à Portsmouth*, et Leipzig la *Ville de Londres, prise du moulin d'Albion*. — Ces deux toiles, malgré leur mauvais état (elles voyageaient en Angleterre et en Écosse depuis plus de huit ans) obtinrent un succès d'actualité assez vif, mais dont la portée ne dépassa guère celle d'une exhibition foraine. — Barker n'avait pu, en effet, obtenir dans les deux villes d'autre emplacement que celui de la foire annuelle. Le chauvinisme allemand s'en mêlant, la critique locale déclara sans ambages, — et on le conçoit, — que la *Vue du port de Hambourg*, avec ses innombrables navires, du haut du Baumhaus, par un jour de soleil, était infiniment plus émouvante.

Malgré cette froideur apparente, le panorama avait assez séduit l'imagination populaire pour qu'un peintre-décorateur de Magdebourg, Breysig, s'y consacrât à son tour. Associé aux paysagistes berlinois Tielker et Kaaz, il fit paraître à Berlin une *Vue de Rome, prise du palais des Césars* (1800), dont les journaux allemands de l'époque nous ont laissé de dithyrambiques descriptions.

A partir de cette année, les capitales européennes virent se dresser sur leurs places publiques un monde de panoramas. Nous citons : la *Vue de Vienne*, prise du haut de la tour des Augustins, exécutée dans la capitale autrichienne par les peintres Jausch et Postl, d'après les dessins de William Barton; la *Gueldre*, exécutée en 1806, à Amsterdam, par Van de Watt; dans la même ville, la *Ville d'Amsterdam* et le *Camp de Boulogne*, de Prévost, déjà exposés en France; à Londres, une *Bataille de Trafalgar*, exécutée par Barker, que ses déboires à Hambourg et à Leipzig avaient déterminé à revenir en Angleterre, etc.

En 1824, un Anglais, Horner, confia à un architecte, Décimus

Burton, la construction, à Regents-Park, d'une rotonde à laquelle il donna le nom peu explicable de Colosseum.

Ce Colosseum, qui ne fut achevé qu'en 1829, ne devait disparaître qu'en 1875 ; il fut inauguré par une *Vue de Londres, prise du sommet de la coupole de Saint-Paul.*

Les Anglais en tirèrent une certaine vanité à cause de ses dimensions et du prix relativement élevé qu'atteignit la construction : 750 000 francs ; mais il ne semble point que l'œuvre qu'il renferma d'abord ait été autrement remarquable. Une *Vue de Rome*, qui succéda à la *Vue de Londres*, et une *Vue de Paris* paraissent avoir offert plus d'intérêt et avoir été mieux exécutées.

Continuons pour mémoire : *les Anglais au Cap* et la *Bataille de Waterloo*, exposés, il y a quelques années, à Bruxelles.

A Paris, actuellement, les panoramas se sont multipliés, ils sont si bien entrés dans nos mœurs artistiques et dans le goût populaire, que chacun d'eux jouit d'une faveur ininterrompue, malgré l'écart qu'ils présentent inévitablement entre eux, sous le double rapport de l'intérêt et de l'exécution.

L'Exposition universelle de 1889 en a vu s'élever un grand nombre.

L'un d'entre eux, celui de la *Vue de Rio-de-Janeiro* de MM. Mérelle et Langerock, est d'une exécution classique, si l'on peut ainsi parler.

Le spectateur est censé avoir gravi une des collines qui s'élèvent au milieu de la ville. Celle-ci s'étend à ses pieds, tandis que derrière les montagnes qui lui forment comme une ceinture, le soleil se couche, et que la mer prend une coloration d'un bleu intense.

Un autre panorama a rencontré une certaine vogue, peut-être plus à cause de l'originalité du tableau offert aux regards que pour la qualité même des moyens mis en œuvre pour le rendre, nous voulons parler de la *Compagnie des Transatlantiques* de M. Poilpot. S'inspirant des procédés employés par M. Langlois pour sa *Bataille de Navarin*, l'artiste y place ses spectateurs sur le pont d'un paquebot, après leur avoir fait parcourir des corridors et gravir des escaliers fidèlement copiés sur ceux des navires de la Compagnie. Rendu à la lumière, le spectateur voit la baie de la Seine, le Havre et l'Océan. Une partie du paquebot, celle qui sert de plate-forme, représente au naturel le tillac même ; les deux extrémités du navire sont figurées en perspective, d'une façon peu propre à entretenir l'illusion. Peut-être y a-t-il lieu d'attribuer cette imperfection légère aux perspecteurs employés par M. Poilpot, et qui, esclaves des procédés géométriques, n'ont point laissé à l'œil et à l'inspiration du peintre, une part assez large.

On ne saurait comprendre parmi les panoramas construits à l'occasion de l'Exposition celui du *Bombardement du fort d'Issy*, de Philippotaux qui, depuis 1875, a remplacé dans la rotonde de l'avenue des Champs-Élysées (angle de l'avenue d'Antin), la *Bataille de Solférino*, de Langlois,

Il n'en doit pas être pour cela passé sous silence.

Il en est de même de l'admirable panorama de Rezonville, de MM. de Neuville et Detaille, installé dans la rotonde de la rue de Berry et qui constitue l'œuvre la plus complète et la plus achevée offerte encore à l'admiration des amateurs de panoramas.

La bataille est représentée au moment de la phase qu'elle traversait vers trois heures de l'après-midi. La composition, fidèle au point de vue du document, est en même temps harmonieuse. La perfection des détails, la richesse et la variété des épisodes, loin de nuire à l'ensemble, y concourent à l'envi, pénètrent le spectateur d'une émotion croissante, l'étreignent et lui donnent cette impression d'angoisse dont doit être agitée l'âme de ceux qui, sans y prendre une part personnelle, assistent aux phases d'une bataille dont l'issue décidera du succès de la campagne tout entière. La ligne des tirailleurs de la garde impériale aux prises avec l'ennemi, la cavalerie en ligne ou en masse et la réserve de la garde composée d'un bataillon de grenadiers l'arme au pied; le général Bourbaki, le maréchal Canrobert, l'état-major de ces deux officiers généraux, etc., forment autant d'admirables tableaux qu'un lien commun rattache les uns aux autres et dont le regard charmé ne se détache qu'avec regret.

Un grand prix d'honneur, le premier accordé jusqu'à ce jour à une œuvre panoramique, décerné par le jury de l'Exposition universelle, a récompensé justement cette magnifique création. Le centenaire de l'invention du panorama, ne pouvait être célébré, en effet, d'une façon plus éclatante.

L'*Histoire du siècle*, de MM. Alfred Stevens et H. Gervex, aménagée dans une rotonde au sein même des Tuileries, constitue une innovation intéressante dans l'histoire du panorama, consacré presque exclusivement jusque-là à la reproduction des villes ou à la représentation des batailles.

Ces deux peintres ont célébré le centenaire de la Révolution de 1789 en faisant défiler les personnages français qui, à divers titres, ont joué depuis cent ans un rôle prépondérant dans la politique, les armes, les sciences, les lettres et les arts.

Plus d'une difficulté était à prévoir. Les deux collaborateurs, aidés d'un groupe de jeunes peintres d'une valeur consacrée, en ont surmonté un certain nombre.

Les spectateurs sont placés sur une plate-forme qui, si le panorama s'animait, prendrait la place du grand bassin des Tuileries. Autour de ce point central, les auteurs ont disposé une vue panoramique idéale de Paris, dont chaque partie est, quant à son aspect général, appropriée à la partie du siècle à laquelle elle sert de fond. Cette disposition choquerait l'œil du vrai Parisien, si elle le frappait directement, sans que rien en atténuât l'inexactitude; les peintres y ont pourvu en développant la plus grande partie de leur composition le long d'une rotonde à portiques qui en occupe la moitié, qui ne laisse voir la ville que par échappées lointaines dans l'entre-deux des colonnes. La partie libre représente les terrasses des Tuileries, la place de la Concorde et l'avenue des Champs-Élysées.

Le développement de la composition se devine sans qu'il faille en dénombrer les éléments. De la famille de Louis XVI et des états généraux, l'œil parcourt successivement l'époque révolutionnaire; l'Empire avec ses uniformes éclatants, sa fanfare de couleurs et d'or, représentée par l'*Entrée de Napoléon* [1], la Restauration, le régime de Juillet, la deuxième République, le second Empire, le gouvernement de la Défense nationale, la République actuelle enfin et les trois présidents, les hommes en vue du Parlement, du monde de la littérature et de l'art; et le cycle de cent années ainsi parcouru s'achève au moment où, sur un perron, entouré des collaborateurs de la grande œuvre nationale, M. Carnot déclare ouverte l'Exposition universelle de 1889.

Nous venons de retracer les origines, la vogue, la décadence passagère du panorama et de rappeler dans quelles circonstances, grâce à quels hommes, cette branche de la peinture a définitivement conquis la faveur du public. Il serait superflu de réagir contre un préjugé, dissipé aujourd'hui et qui n'a longtemps tendu à rien moins qu'à faire du panorama une manifestation d'art inférieur, à le ravaler même au rang d'un spectacle, relevant plus de l'ensemble des divertissements populaires que de la peinture représentative.

Si un doute pouvait subsister encore sur l'absurdité de cette doctrine, l'opinion des David, des Dufourny, des Chevreul, etc., suffirait à le dissiper. La simple énumération des peintres qui, depuis le commencement de la seconde moitié du siècle, se sont adonnés à ce genre, avec un inégal bonheur, mais avec une commune ardeur et une prédilection croissante est plus concluante

[1] Cette partie du panorama a été composée par le peintre militaire M. Dupray.

encore. Il serait oiseux, puéril même de défendre les Langlois, les de Neuville, les Detaille, etc., de l'accusation ridicule d'avoir rabaissé leur talent et, en quelque sorte, avili leurs pinceaux à une besogne purement mercantile et de spéculation à l'exclusion de toute préoccupation d'art.

L'art ne permet point qu'on le confine dans une expression unique, qu'on émette la prétention insoutenable de ne le faire parler à nos yeux et à notre âme que par l'organe d'une toile plane, tendue sur un châssis, et limitée par une bordure. Son champ est plus vaste, ses moyens d'action sur notre esprit sont plus étendus et plus variés. Les décorations de nos scènes lyriques ou tragiques dues au talent des Jambon, des Rubé, des Chaperon et des Lavastre, sont des pages d'art superbes, conçues dans toutes les règles et dignes au plus haut point de l'admiration. Comment en serait-il autrement pour le panorama, qui exige outre les qualités les plus solides et les plus brillantes, un savoir-faire spécial et une habileté assez consommée, pour déjouer toutes les difficultés naturelles auxquelles est appelé si souvent à se heurter son exécution?

A un siècle nouveau, il faut sinon un art nouveau, — car l'art d'essence immuable et éternelle, ne vieillit pas; — au moins des manifestations nouvelles, des procédés de rendre et de traduire qui s'adressent à l'état d'âme particulier, créée chez la masse des hommes par les récentes conquêtes de l'esprit. Le panorama répond en tout point à ces besoins. Il forme le complément admirable, obligé de cette instruction, aujourd'hui répandue si libéralement dans la plupart des États civilisés; il place sous les yeux des populations avides de savoir, la représentation saisissante, presque tangible des événements dont le siècle a enrichi leur mémoire et des lieux dont ils ont lu la description et au milieu desquels ils se voient tout à coup transportés comme par miracle.

Lorsque, par surcroît et en dehors du sujet représenté, l'exécution en est due à un maître de qui le talent réjouit les délicats en même temps que son imagination parle au cœur de la foule, le panorama monte alors au rang le plus élevé que puisse atteindre une œuvre d'art dans l'admiration des hommes : il devient chef-d'œuvre.

Germain Bapst.

www.ingramcontent.com/pod-product-compliance
Lightning Source LLC
LaVergne TN
LVHW050515160826
845677LV00003B/1156

* 9 7 8 2 3 2 9 6 3 8 9 6 6 *